Impressum
Verlag: BABADADA GmbH, Nedderfeld 112 , 22529 Hamburg
Geschäftsführer / Verlagsleitung: Harald Hof
Druck: Books on Demand GmbH, In de Tarpen 42, 22848 Norderstedt

Imprint
Publisher: BABADADA GmbH, Nedderfeld 112 , 22529 Hamburg, Germany
Managing Director / Publishing direction: Harald Hof
Print: Books on Demand GmbH, In de Tarpen 42, 22848 Norderstedt

skole
koulu

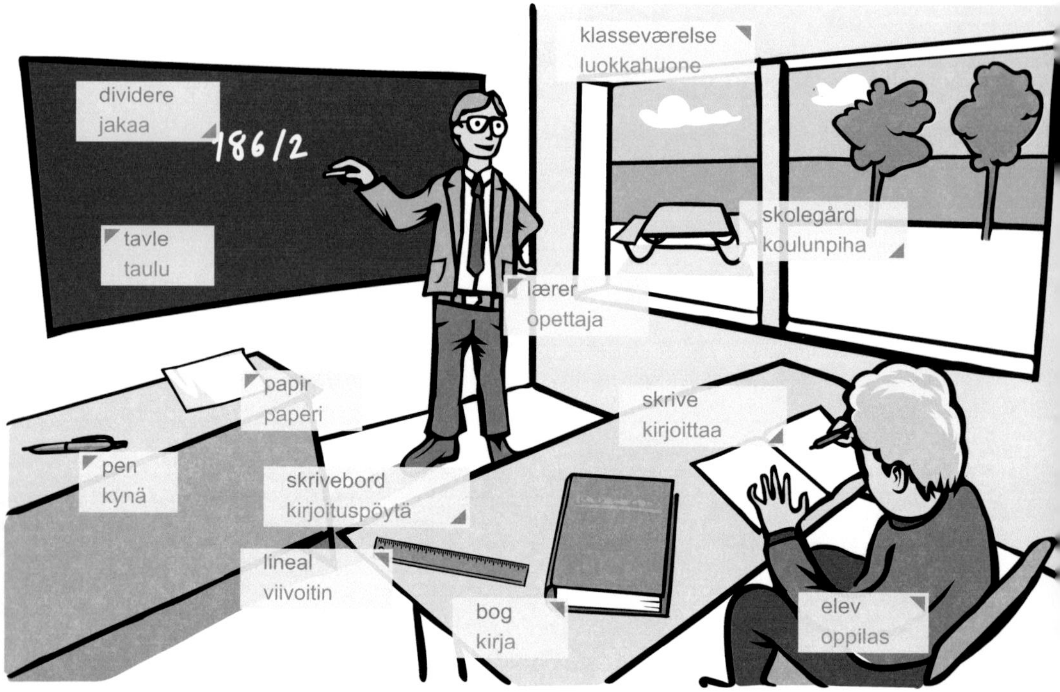

klasseværelse
luokkahuone
dividere
jakaa
186/2
tavle
taulu
skolegård
koulunpiha
lærer
opettaja
papir
paperi
skrive
kirjoittaa
pen
kynä
skrivebord
kirjoituspöytä
lineal
viivoitin
bog
kirja
elev
oppilas

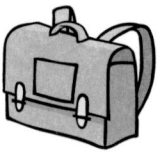

skoletaske

reppu

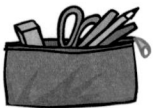

penalhus

penaali

blyant

lyijykynä

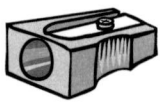

blyantspidser

kynänteroitin

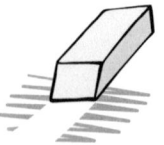

viskelæder

pyyhekumi

tegneblok

piirustuslehtiö

tegning

piirustus

pensel

pensseli

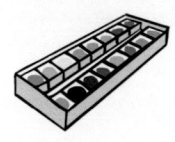

æske med vandfarver

vesivärit

saks

sakset

lim

liima

opgavehefte

harjoituskirja

lektie

kotitehtävä

tal

luku

addere

lisätä

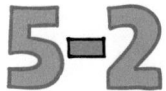

subtrahere

vähentää

multiplicere

kertoa

regne

laskea

bogstav

kirjain

alfabet

aakkoset

ord

sana

tekst

teksti

læse

lukea

kridt

liitu

time

oppitunti

klasseprotokol

opettajan muistikirja

eksamen

koe

karakterbog

todistus

skoleuniform

koulupuku

uddannelse

koulutus

leksikon

sanakirja

universitet

yliopisto

mikroskop

mikroskooppi

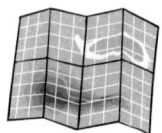

kort

kartta

papirkurv

roskakori

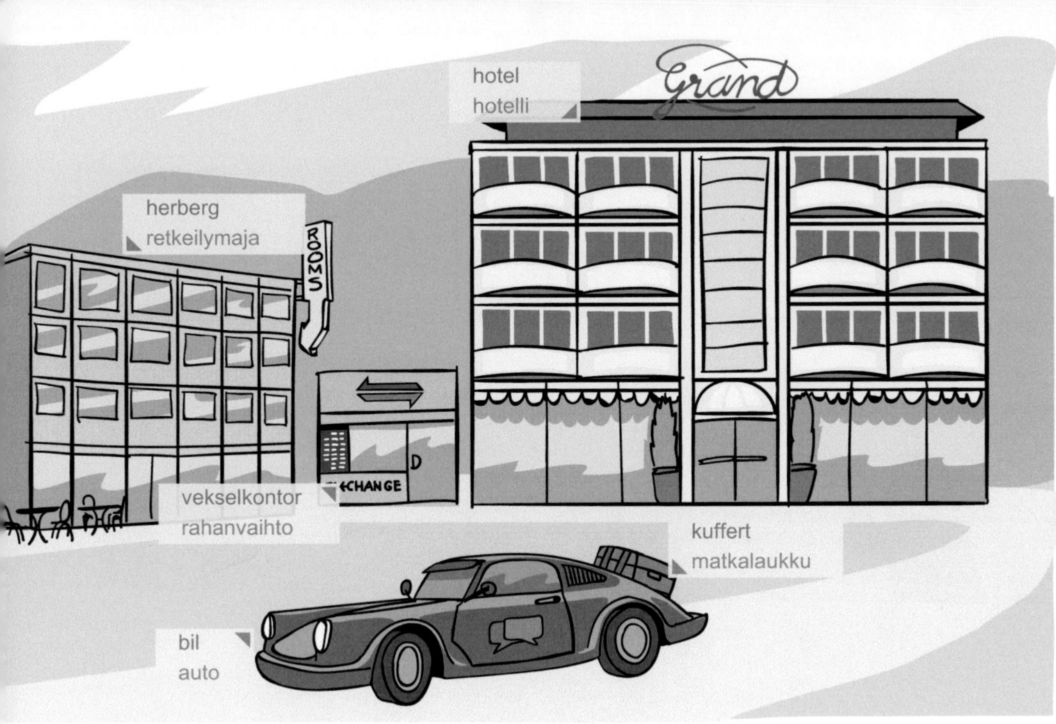

hotel
hotelli
Grand
herberg
retkeilymaja
ROOMS
vekselkontor
rahanvaihto
kuffert
matkalaukku
bil
auto

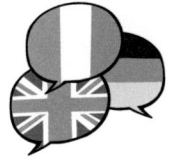

sprog
kieli

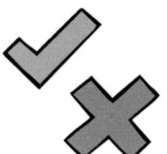

ja / nej
kyllä / ei

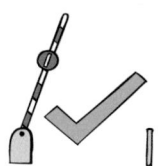

okay
selvä

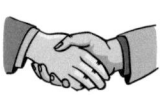

hej
hei

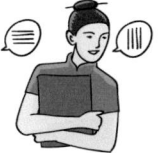

oversætter
tulkki

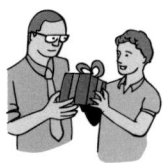

tak
kiitos

hvad koster…?

Paljonko...maksaa?

Jeg forstår ikke

en ymmärrä

problem

ongelma

God aften!

Hyvää iltaa!

God morgen!

Hyvää huomenta!

God nat!

Hyvää yötä!

farvel

näkemiin

retning

suunta

bagage

matkatavarat

taske

laukku

rygsæk

reppu

gæst

vieras

værelse

huone

sovepose

makuupussi

telt

teltta

turistinformation

turisti-info

strand

ranta

kreditkort

luottokortti

morgenmad

aamupala

middagsmad

lounas

aftensmad

päivällinen

billet

matkalippu

elevator

hissi

frimærke

postimerkki

grænse

raja

told

tulli

ambassade

suurlähetystö

visum

viisumi

pas

passi

transport
kuljetus

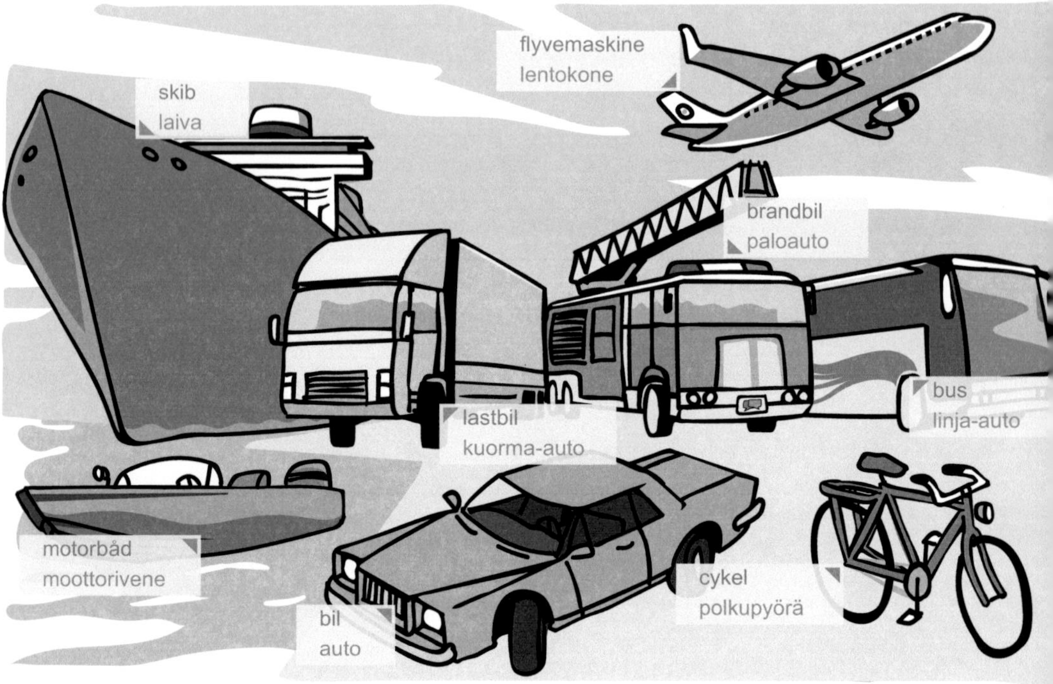
skib
laiva
flyvemaskine
lentokone
brandbil
paloauto
lastbil
kuorma-auto
bus
linja-auto
motorbåd
moottorivene
cykel
polkupyörä
bil
auto

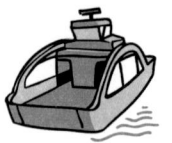

færge

lautta

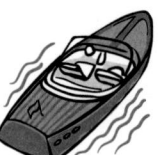

båd

vene

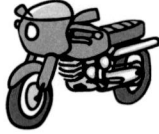

motorcykel

moottoripyörä

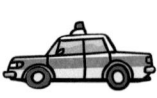

politibil

poliisiauto

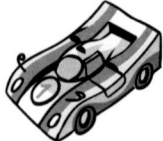

racerbil

kilpa-auto

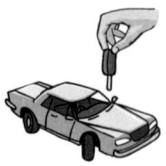

lejebil

vuokra-auto

samkørsel

car sharing

kranbil

hinausauto

skraldebil

roska-auto

motor

moottori

benzin

polttoaine

tankstation

huoltoasema

trafikskilt

liikennemerkki

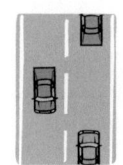

trafik

liikenne

trafikprop

ruuhka

parkeringsplads

parkkipaikka

banegård

rautatieasema

skinner

raiteet

tog

juna

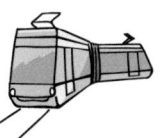

sporvogn

raitiovaunu

wagon

vaunu

helikopter

helikopteri

lufthavn

lentokenttä

tårn

lähilennonjohto

passager

matkustaja

container

kontti

karton

pahvilaatikko

kærre

kärryt

kurv

kori

starte / lande

nousta / laskea

by

kaupunki

landsby

kylä

bymidte

keskusta

hus

talo

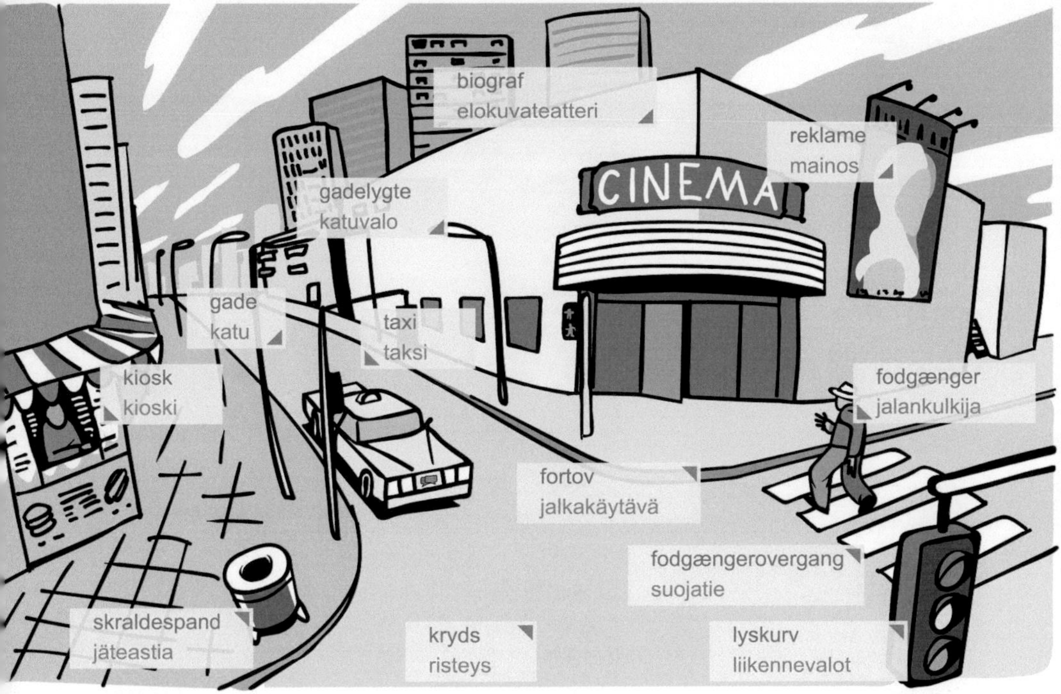

biograf
elokuvateatteri
reklame
mainos
CINEMA
gadelygte
katuvalo
gade
katu
taxi
taksi
kiosk
kioski
fodgænger
jalankulkija
fortov
jalkakäytävä
fodgængerovergang
suojatie
skraldespand
jäteastia
kryds
risteys
lyskurv
liikennevalot

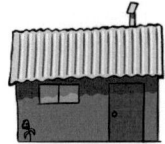

hytte

mökki

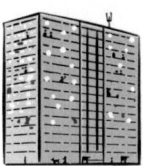

lejlighed

kerrostalo

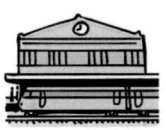

banegård

rautatieasema

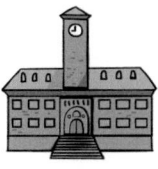

rådhus

kaupungintalo

MUSEUM

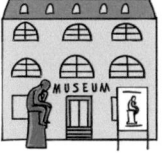

museum

museo

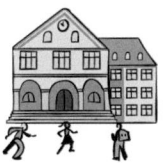

skole

koulu

universitet

yliopisto

bank

pankki

sygehus

sairaala

hotel

hotelli

apotek

apteekki

kontor

toimisto

boghandel

kirjakauppa

butik

liike

blomsterbutik

kukkakauppa

supermarked

supermarketti

marked

tori

stormagasin

tavaratalo

fiskehandler

kalakauppias

butikscenter

ostoskeskus

havn

satama

park

puisto

bænk

penkki

bro

silta

trappe

portaat

undergrundsbane

metro

tunnel

tunneli

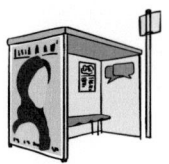

busstoppested

linja-autopysäkki

barnevogn

baari

restaurant

ravintola

postkasse

postilaatikko

vejskilt

katukyltti

parkometer

parkkimittari

zoo

eläintarha

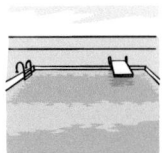

badeanstalt

uimala

moske

moskeija

bondegård
maatila

miljøforurening
ympäristön saastuminen

kirkegård
hautausmaa

kirke
kirkko

legeplads
leikkikenttä

tempel
temppeli

landskab
maisema

blad
lehti

vejviser
tienviitta

vej
tie

eng
niitty

sten
kivi

vandrer
retkeilijä

træ
puu

flod
joki

græs
ruoho

blomst
kukka

dal

laakso

bjerg

vuori

sø

järvi

skov

metsä

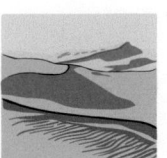

ørken

aavikko

vulkan

tulivuori

slot

linna

regnbue

sateenkaari

svamp

sieni

palme

palmu

moskito

hyttynen

flue

kärpänen

myre

muurahainen

bi

mehiläinen

edderkop

hämähäkki

bille

kovakuoriainen

frø

sammakko

egern

orava

pindsvin

siili

hare

jänis

ugle

pöllö

fugl

lintu

svane

joutsen

vildsvin

villisika

hjort

peura

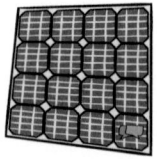

elg

hirvi

dæmning

pato

vindmølle

tuulimylly

solcellemodul

aurinkopaneeli

klima

ilmasto

restaurant
ravintola

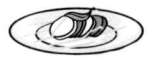

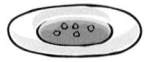

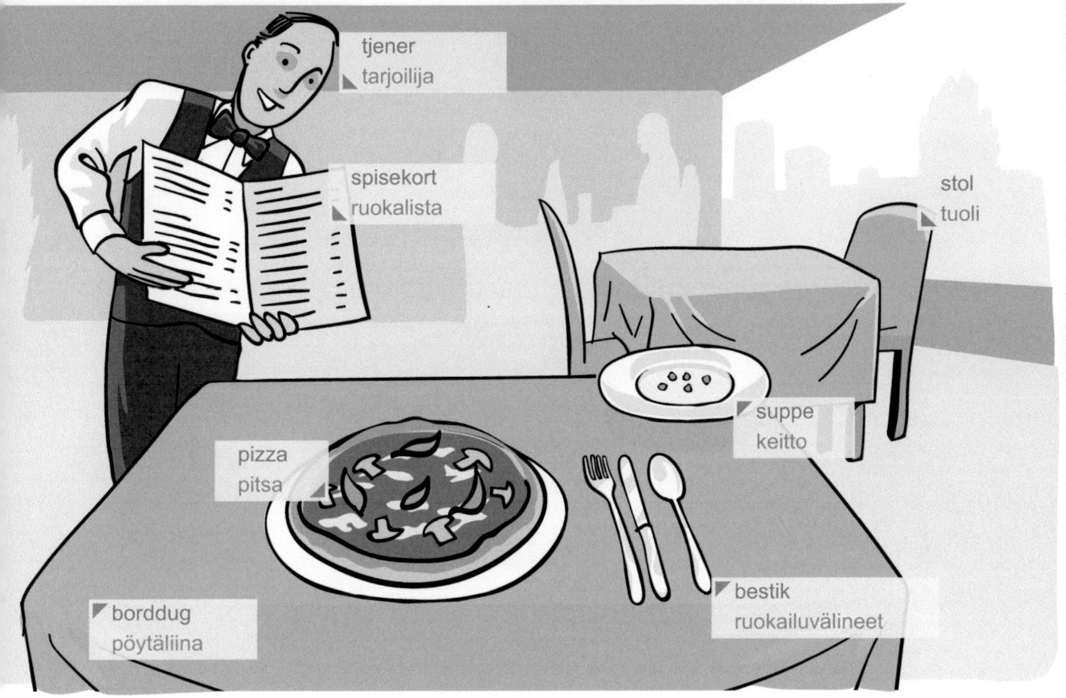
tjener
tarjoilija
spisekort
ruokalista
stol
tuoli
suppe
keitto
pizza
pitsa
bestik
ruokailuvälineet
borddug
pöytäliina

forret

alkuruoka

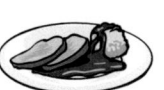

hovedret

pääruoka

dessert

jälkiruoka

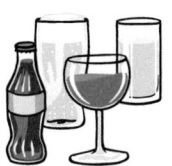

drikkevarer

juomat

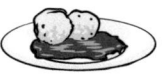

mad

ruoka

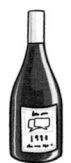

flaske

pullo

fastfood

pikaruoka

streetfood

katuruoka

tekande

teekannu

sukkerdåse

sokeriastia

portion

annos

espressomaskine

espressokeitin

barnestol

syöttötuoli

faktura

lasku

tablet

tarjotin

kniv

veitsi

gaffel

haarukka

ske

lusikka

teske

teelusikka

serviet

servietti

glas

lasi

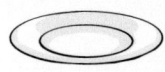

tallerken
lautanen

dyb tallerken
syvä lautanen

underkop
aluslautanen

sovs
kastike

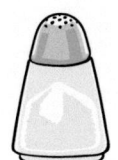

saltbøsse
suolasirotin

peberkværn
pippurimylly

eddike
etikka

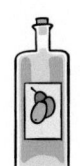

olie
öljy

krydderier
mausteet

ketchup
ketsuppi

sennep
sinappi

mayonnaise
majoneesi

supermarked
supermarketti

tilbud
tarjous
FOR
kunde
asiakas
mælkeprodukter
maitotuotteet
frugt
hedelmät
indkøbsvogn
ostoskärryt

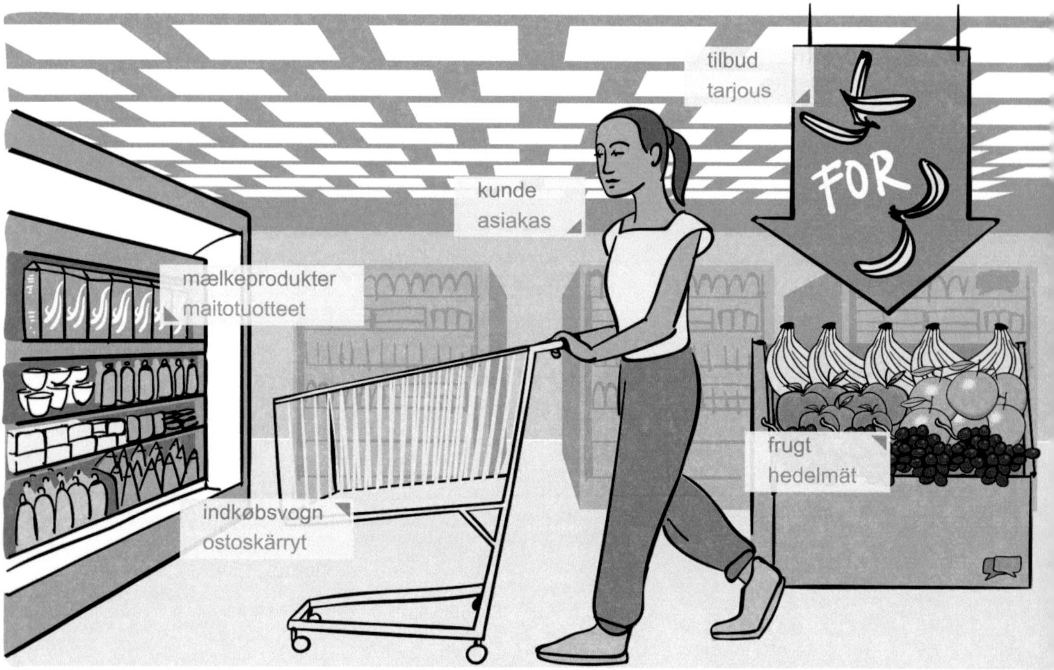

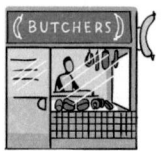

BUTCHERS
slagter
teurastamo

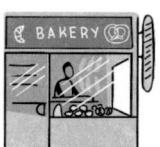

BAKERY
bageri
leipomo

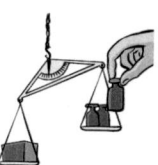

veje
punnita

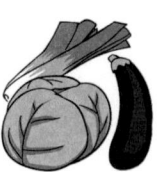

grøntsager
kasvikset

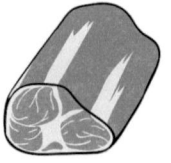

kød
liha

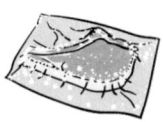

frostvarer
pakasteet

pålæg

leikkele

konserves

säilykkeet

vaskemiddel

pesujauhe

slik

makeiset

husholdningsvarer

kotitaloustarvikkeet

rengøringsmidler

puhdistusaineet

ekspedient

myyjä

kasse

kassa

kasserer

kassanhoitaja

indkøbsliste

ostoslista

åbningstider

aukioloajat

tegnebog

lompakko

kreditkort

luottokortti

taske

kassi

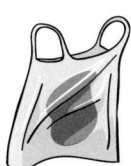

plasticpose

muovipussi

vand
vesi

saft
mehu

mælk
maito

cola
kokis

vin
viini

øl
olut

alkohol
alkoholi

kakao
kaakao

te
tee

kaffe
kahvi

espresso
espresso

cappuccino
cappuccino

banan

banaani

æble

omena

appelsin

appelsiini

melon

meloni

citron

sitruuna

gulerod

porkkana

hvidløg

valkosipuli

bambus

bambu

løg

sipuli

svamp

sieni

nødder

pähkinät

nudler

spagetti

spaghetti

spagetti

ris

riisi

salat

salaatti

pomfritter

ranskalaiset

stegte kartofler

paistetut perunat

pizza

pitsa

hamburger

hampurilainen

sandwich

voileipä

schnitzel

leike

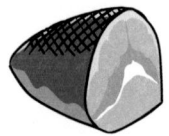

skinke

kinkku

salami

salami

pølse

makkara

kylling

kana

steg

paisti

fisk

kala

havregryn

kaurahiutaleet

mysli

mysli

cornflakes

murot

mel

jauho

croissant

voisarvi

rundstykke

sämpylä

brød

leipä

toast

paahtoleipä

kiks

keksit

smør

voi

kvark

rahka

kage

kakku

æg

kananmuna

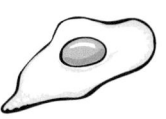

spejlæg

paistettu kananmuna

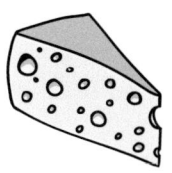

ost

juusto

is
jäätelö

sukker
sokeri

honning
hunaja

marmelade
hillo

nougat-creme
suklaapähkinälevite

karry
curry

bondehus
maatila

halmballer
heinäpaali

skur
lato; liiteri

mark
pelto

hest
hevonen

anhænger
peräkärry

traktor
traktori

føl
varsa

æsel
aasi

lam
karitsa

får
lammas

ged	ko	kalv
vuohi	lehmä	vasikka

svin	gris	tyr
sika	porsas	sonni

gås

hanhi

and

ankka

kylling

tipu

høne

kana

hane

kukko

rotte

rotta

kat

kissa

mus

hiiri

okse

härkä

hund

koira

hundehus

koirankoppi

haveslange

puutarhaletku

vandkande

kastelukannu

le

viikate

plov

aura

segl

sirppi

hakkejern

kuokka

møggreb

talikko

økse

kirves

trillebør

kottikärryt

trug

kaukalo

mælkekande

maitokannu

sæk

säkki

hæk

aita

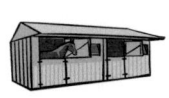

stald

talli

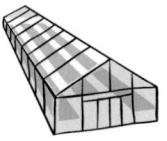

drivhus

kasvihuone

jord

maa

frø

siemen

gødning

lannoite

mejetærsker

leikkuupuimuri

høste

kerätä sato

høst

sato

yams

jamssit

hvede

vehnä

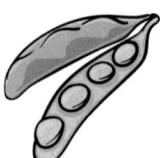

soja

soija

kartoffel

peruna

majs

maissi

raps

rypsi

frugttræ

hedelmäpuu

maniok

maniokki

korn

vilja

hus
talo

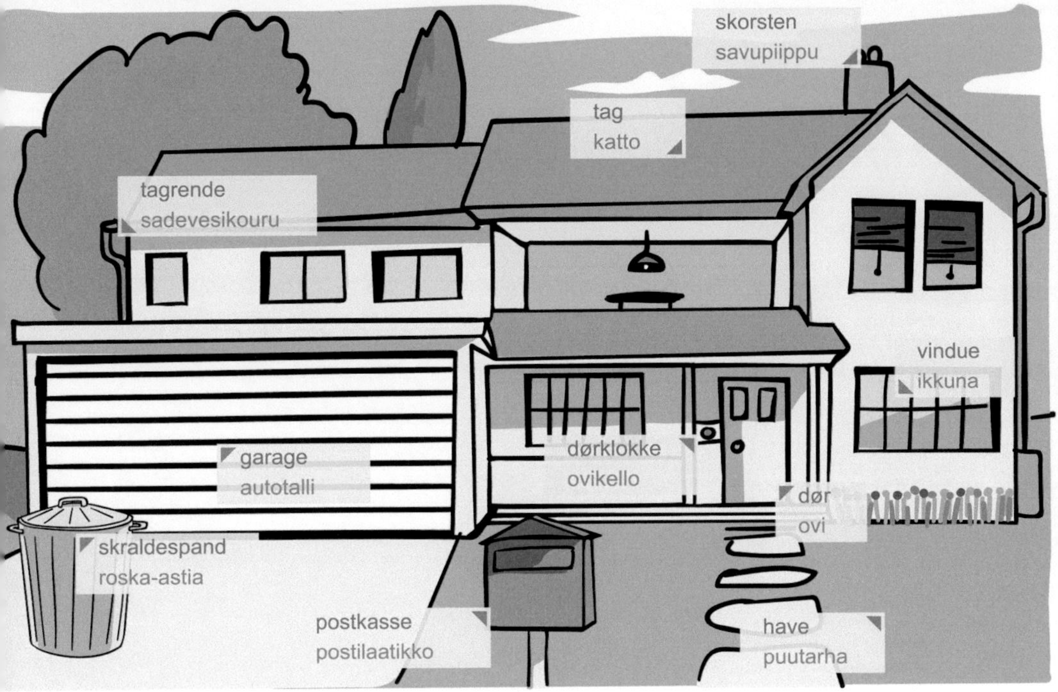
skorsten
savupiippu
tag
katto
tagrende
sadevesikouru
vindue
ikkuna
garage
autotalli
dørklokke
ovikello
dør
ovi
skraldespand
roska-astia
postkasse
postilaatikko
have
puutarha

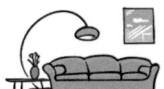

stue

olohuone

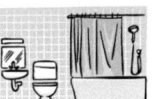

badeværelse

kylpyhuone

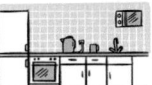

køkken

keittiö

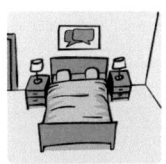

soveværelse

makuuhuone

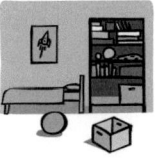

børneværelse

lastenhuone

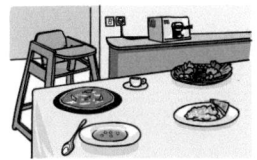

spisestue

ruokahuone

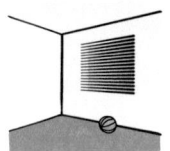

gulv

lattia

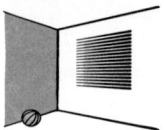

væg

seinä

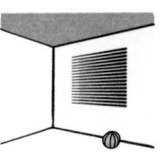

loft

katto

kælder

kellari

sauna

sauna

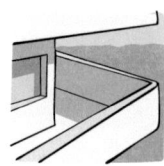

altan

parveke

terrasse

terassi

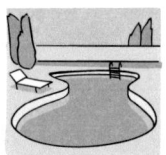

svømmehal

uima-allas

plæneklipper

ruohonleikkuri

dynebetræk

lakana

dyne

päiväpeitto

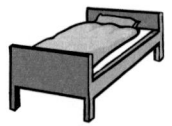

seng

sänky

kost

harja

spand

ämpäri

kontakt

katkaisin

stue
olohuone

tapet
tapetti
billede
kuva
lampe
lamppu
reol
hylly
skab
kaappi
fjernsyn
televisio
pejs
takka
blomst
kukka
pude
tyyny
sofa
sohva
vase
maljakko
fjernbetjening
kaukosäädin

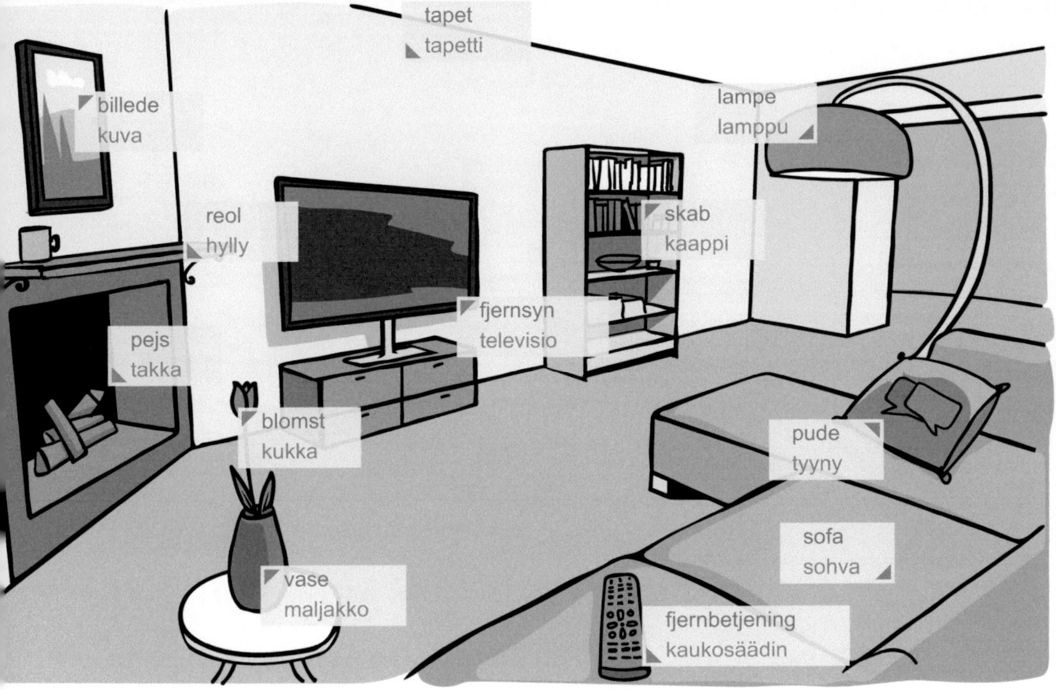

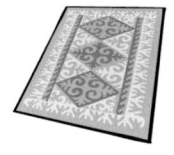

gulvtæppe

matto

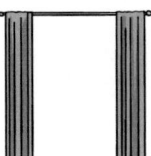

gardin

verho

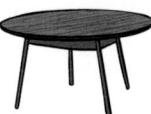

bord

pöytä

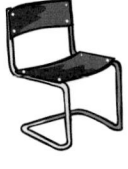

stol

tuoli

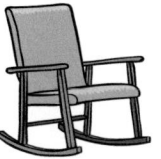

gyngestol

keinutuoli

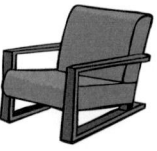

lænestol

nojatuoli

bog

kirja

tæppe

peitto

dekoration

koriste

brænde

polttopuut

film

elokuva

stereoanlæg

stereot

nøgle

avain

avis

sanomalehti

maleri

maalaus

plakat

juliste

radio

radio

notesblok

muistivihko

støvsuger

pölynimuri

kaktus

kaktus

lys

kynttilä

køkken
keittiö

køleskab
jääkaappi
mikrobølgeovn
mikroaaltouuni
køkkenvægt
keittiövaaka
brødrister
leivänpaahdin
rengøringsmiddel
pesuaine
bageovn
leivinuuni
fryserum
pakastinlokero
skraldespand
roska-astia
opvaskemaskine
astianpesukone

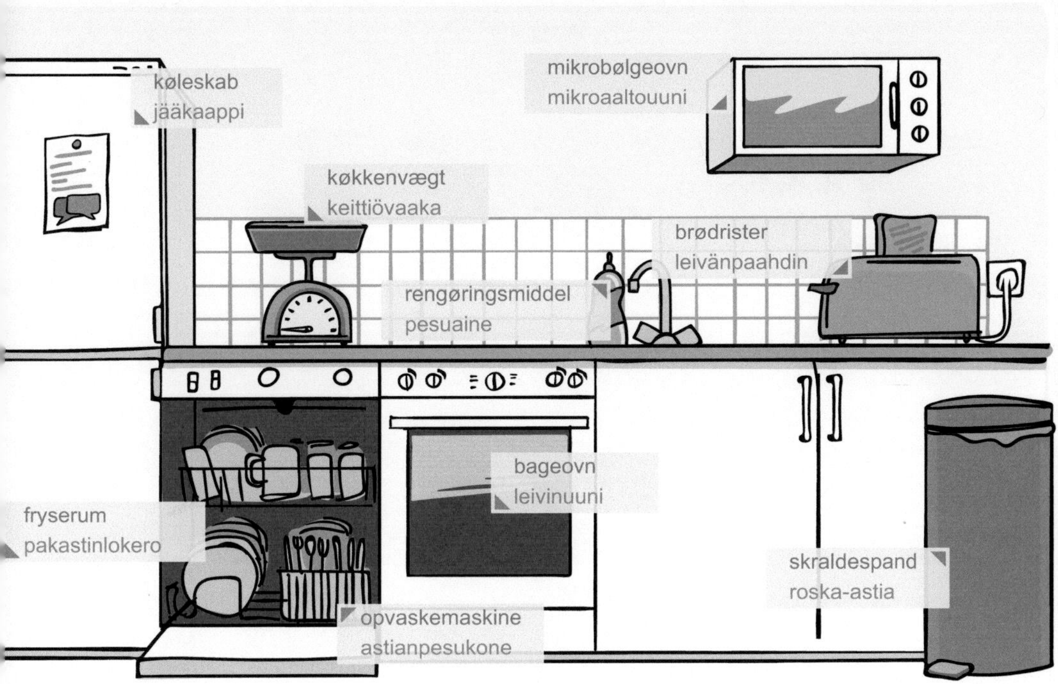

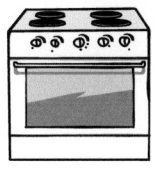

komfur

liesi

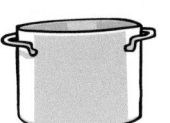

gryde

kattila

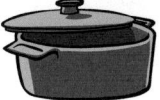

jerngryde

rautapata

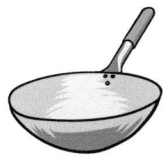

wok / kadai

vokkipannu / kadai-pannu

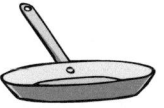

pande

paistinpannu

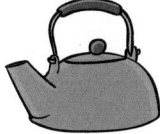

elkedel

teepannu

dampkoger

höyrykeitin

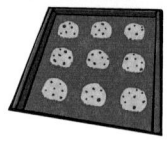

bageplade

uunipelti

service

astiat

bæger

muki

skål

kulho

spisepinde

syömäpuikot

øseske

kauha

paletkniv

paistinlasta

piskeris

vispilä

dørslag

siivilä

si

siivilä

rive

raastin

morter

mortteli

grille

grilli

ildsted

avotuli

skærebræt

leikkuulauta

kagerulle

kaulin

proptrækker

korkinavaaja

dåse

purkki

dåseåbner

purkinavaaja

grydelap

pannulappu

køkkenvask

lavuaari

børste

tiskiharja

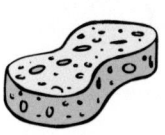

svamp

pesusieni

blender

tehosekoitin

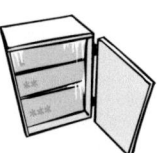

dybfryser

pakastin

sutteflaske

tuttipullo

vandhane

vesihana

badeværelse
kylpyhuone

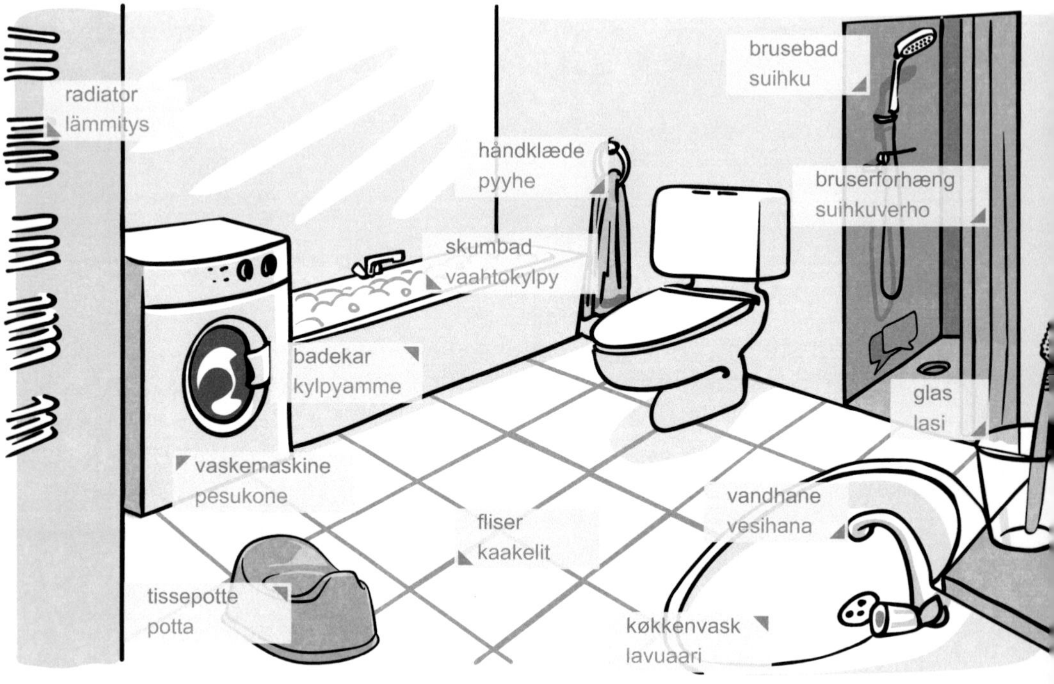

radiator
lämmitys
håndklæde
pyyhe
brusebad
suihku
bruserforhæng
suihkuverho
skumbad
vaahtokylpy
badekar
kylpyamme
glas
lasi
vaskemaskine
pesukone
vandhane
vesihana
fliser
kaakelit
tissepotte
potta
køkkenvask
lavuaari

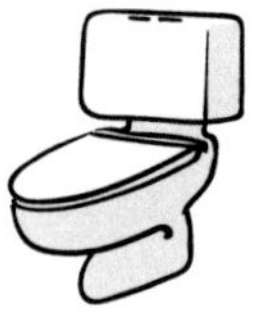

toilet

vessa

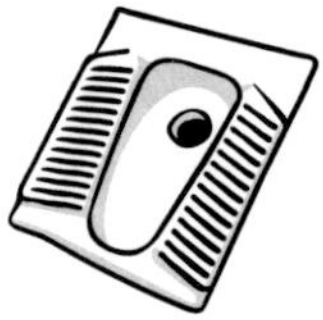

hugsiddende toilet

kyykkyvessa

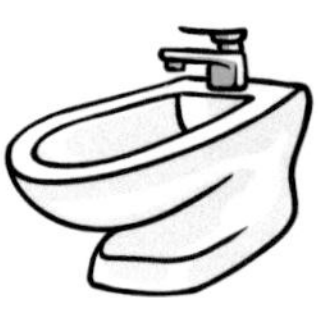

bidet

bidee

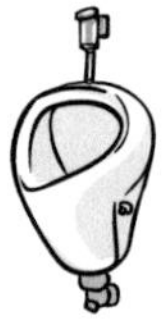

pissoir

pisuaari

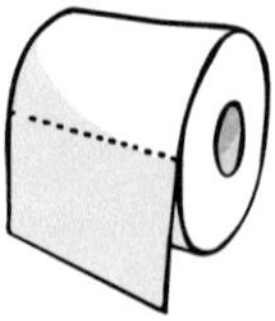

toiletpapir

vessapaperi

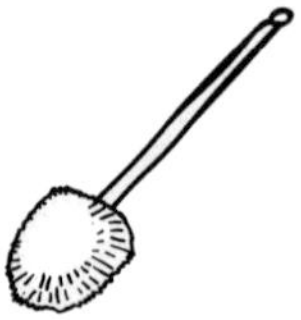

toiletbørste

vessaharja

tandbørste

hammasharja

tandpasta

hammastahna

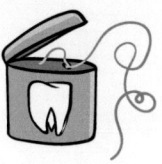

tandtråd

hammaslanka

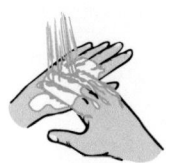

vaske

pestä

håndbruser

käsisuihku

intimbruser

intiimisuihku

vaskefad

pesuvati

badebørste

selkäharja

sæbe

saippua

brusegele

suihkugeeli

shampoo

shampoo

vaskeklud

pesulappu

afløb

viemäri

creme

voide

deodorant

deodorantti

spejl

peili

kosmetikspejl

käsipeili

barberhøvl

partaveitsi

barberskum

partavaahto

barbervand

partavesi

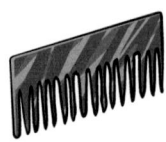

kam

kampa

børste

harja

hårtørrer

hiustenkuivaaja

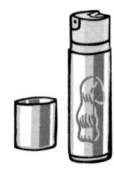

hårspray

hiuslakka

makeup

meikki

læbestift

huulipuna

neglelak

kynsilakka

vat

pumpuli

neglesaks

kynsisakset

parfume

hajuvesi

toilettaske

kosmetiikkalaukku

skammel

jakkara

vægt

vaaka

badekåbe

kylpytakki

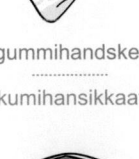

gummihandsker

kumihansikkaat

tampon

tamponi

damebind

terveysside

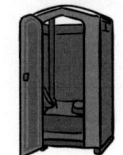

kemisk toilet

kemiallinen wc

børneværelse

lastenhuone

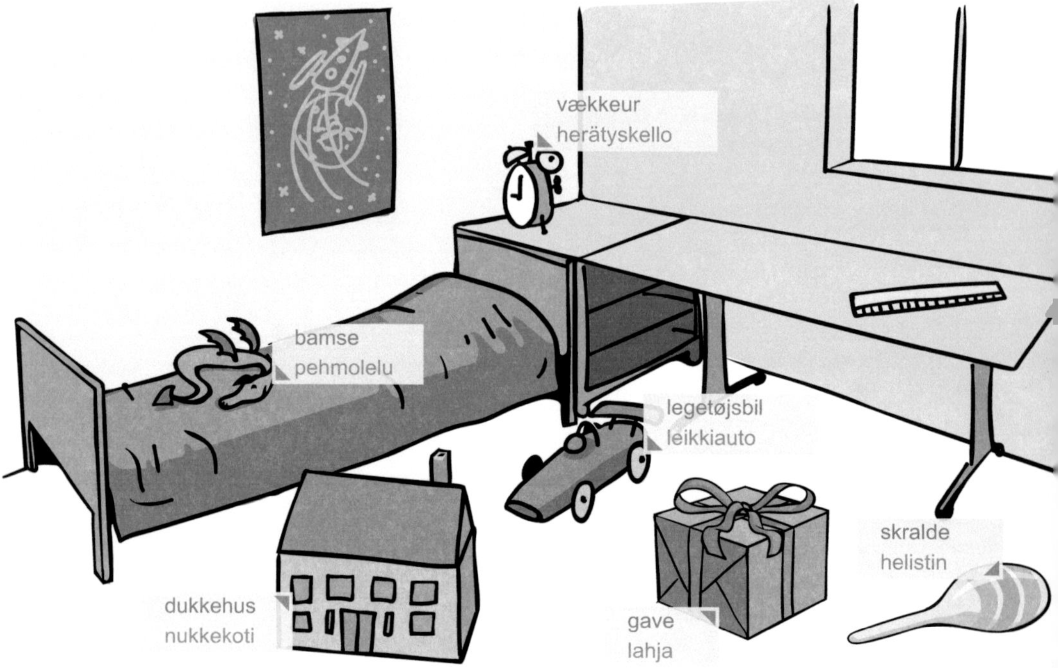

vækkeur
herätyskello
bamse
pehmolelu
legetøjsbil
leikkiauto
skralde
helistin
dukkehus
nukkekoti
gave
lahja

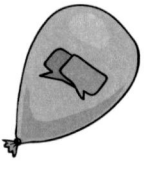

ballon

ilmapallo

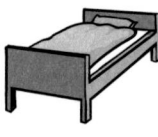

seng

sänky

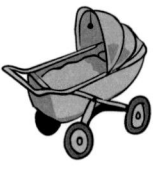

barnevogn

lastenvaunut

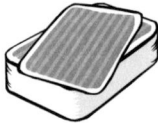

kortspil

korttipeli

puslespil

palapeli

SUPER
MEGA

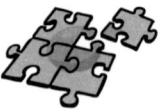

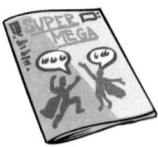

tegneserie

sarjakuva

legoklodser

legopalikat

byggeklodser

rakennuspalikat

action figur

supersankari

sparkedragt

potkupuku

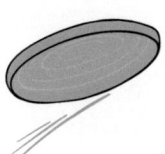

frisbee

frisbee

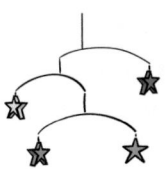

uro

mobile

brætspil

lautapeli

terning

noppa

modeljernbane

pienoisjunarata

sut

tutti

fest

juhlat

billedbog

kuvakirja

bold

pallo

dukke

nukke

lege

leikkiä

sandkasse

hiekkalaatikko

gynge

keinu

legetøj

lelut

spillekonsol

pelikonsoli

trehjulet cykel

kolmipyörä

bamse

nalle

klædeskab

vaatekaappi

tøj

vaatteet

sokker

sukat

strømper

nylonsukat

strømpebukser

sukkahousut

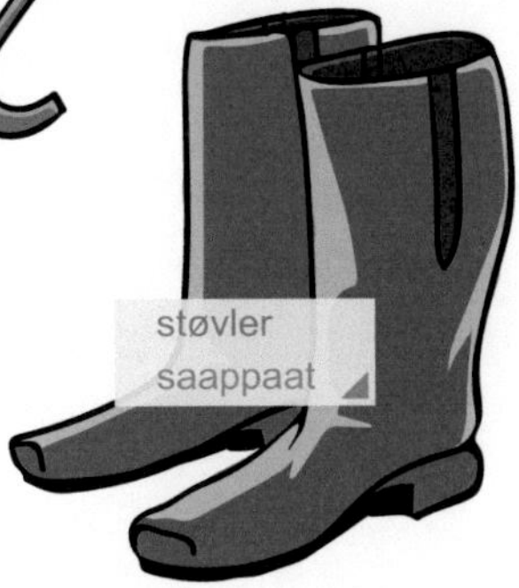

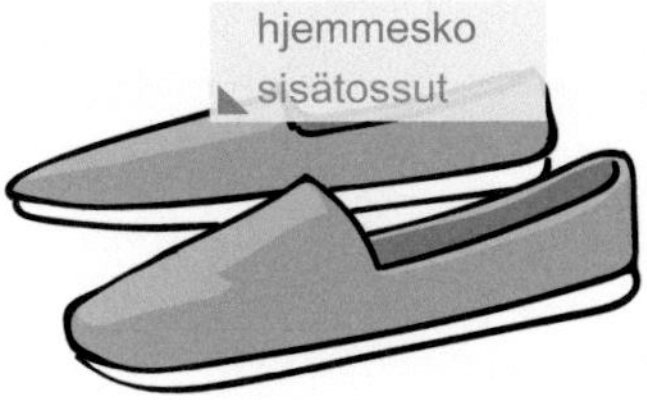

sjal
kaulaliina

paraply
sateenvarjo

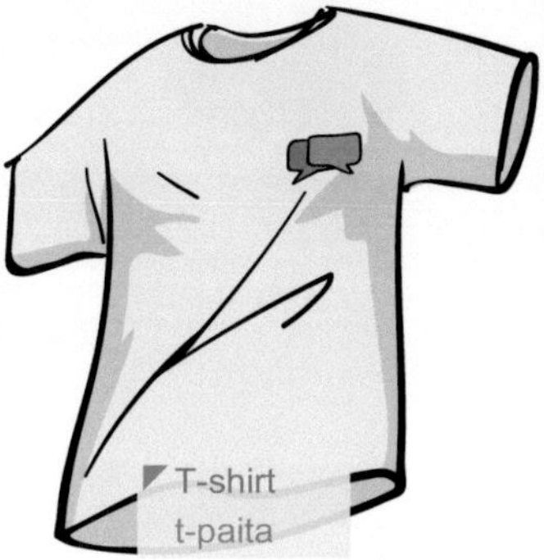

T-shirt
t-paita

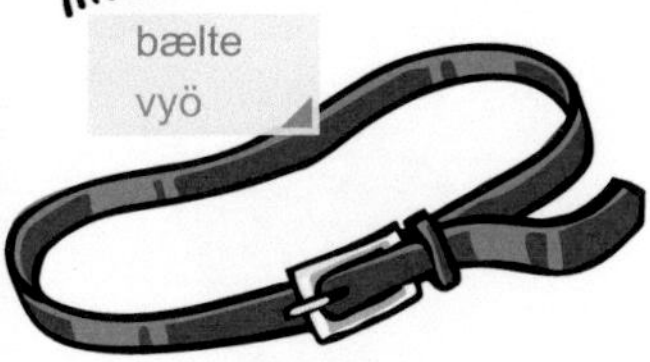

bælte
vyö

støvler
saappaat

hjemmesko
sisätossut

sneakers
lenkkarit

sandaler

sandaalit

sko

kengät

gummistøvler

kumisaappaat

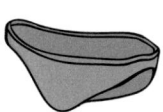

underbukser

alushousut

BH

rintaliivit

undertrøje

aluspaita

body

body

bukser

housut

jeans

farkut

nederdel

hame

bluse

pusero

skjorte

paita

pullover

villapaita

sweatshirt

collegepaita

blazer

jakku

jakke

takki

frakke

takki

regnfrakke

sadetakki

kostume

puku

kjole

mekko

brudekjole

hääpuku

jakkesæt

puku

nattrøje

yöpaita

pyjamas

pyjama

sari

shari

hovedtørklæde

päähuivi

turban

turbaani

burka

burka

kaftan

kaftaani

abaya

abaya

badedragt

uimapuku

badebukser

uimahousut

korte bukser

shortsit

træningsdragt

verkkarit

forklæde

esiliina

handsker

käsineet

knap

nappi

briller

silmälasit

armbånd

rannekoru

kæde

kaulakoru

ring

sormus

ørering

korvakoru

hue

lippalakki

bøjle

ripustin

hat

hattu

slips

solmio

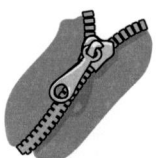

lynlås

vetoketju

hjelm

kypärä

seler

henkselit

skoleuniform

koulupuku

uniform

univormu

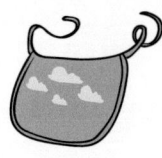

hagesmæk

ruokalappu

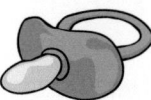

sut

tutti

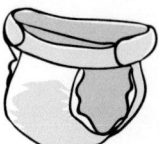

ble

vaippa

kontor
toimisto

server palvelin
arkivskab asiakirjakaappi
printer tulostin
papir paperi
skærm näyttö
skrivebord kirjoituspöytä
mus hiiri
mappe kansio
tastatur näppäimistö
papirkurv roskakori
computer tietokone
stol tuoli

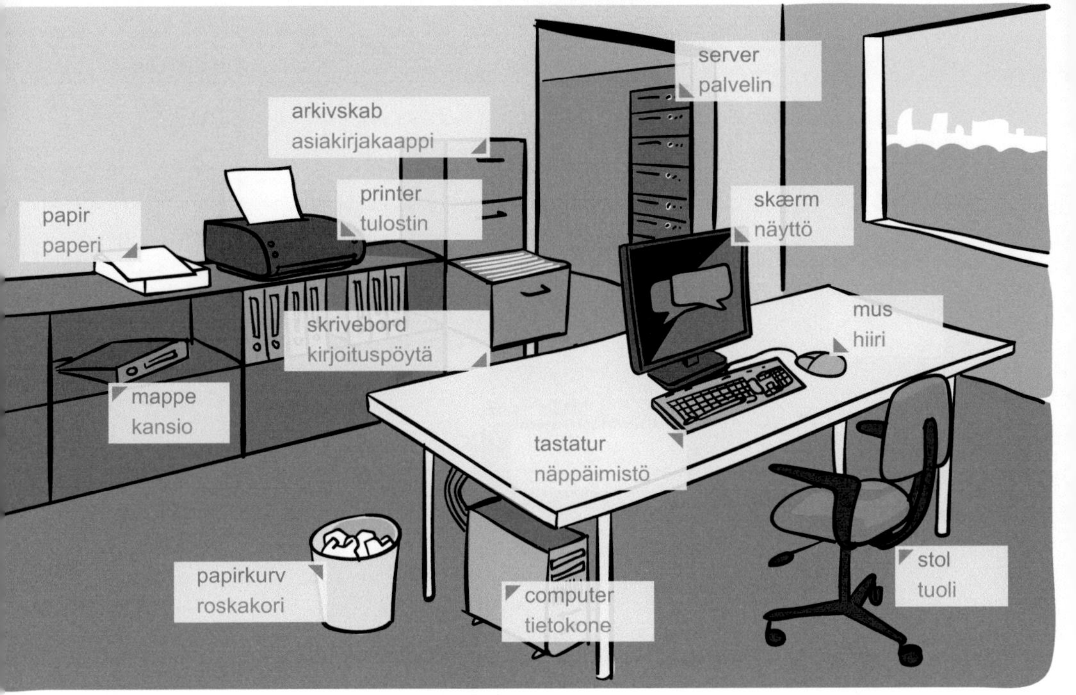

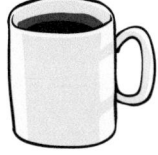

kaffekrus

kahvimuki

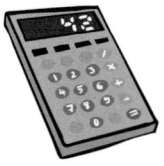

lommeregner

taskulaskin

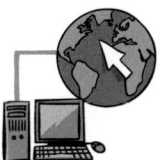

internet

internet

bærbar

kannettava tietokone

brev

kirje

besked

viesti

mobil

kännykkä

netværk

verkko

kopimaskine

kopiokone

software

ohjelmisto

telefon

puhelin

stikdåse

pistorasia

fax

faksi

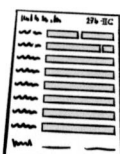

formular

lomake

dokument

asiakirja

kontor - toimisto

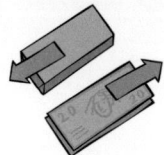

købe

ostaa

betale

maksaa

handle

vaihtaa

penge

raha

dollar

dollari

euro

euro

yen

jeni

rubel

rupla

schweizerfranc

frangi

renminbi yuan

renminbi juan

rupee

rupia

hæveautomat

pankkiautomaatti

vekselkontor

rahanvaihto

guld

kulta

sølv

hopea

olie

öljy

energi

energia

pris

hinta

kontrakt

sopimus

skat

vero

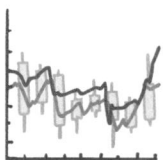

aktie

osake

arbejde

työskennellä

ansat

työntekijä

arbejdsgiver

työnantaja

fabrik

tehdas

butik

liike

erhverv
ammatit

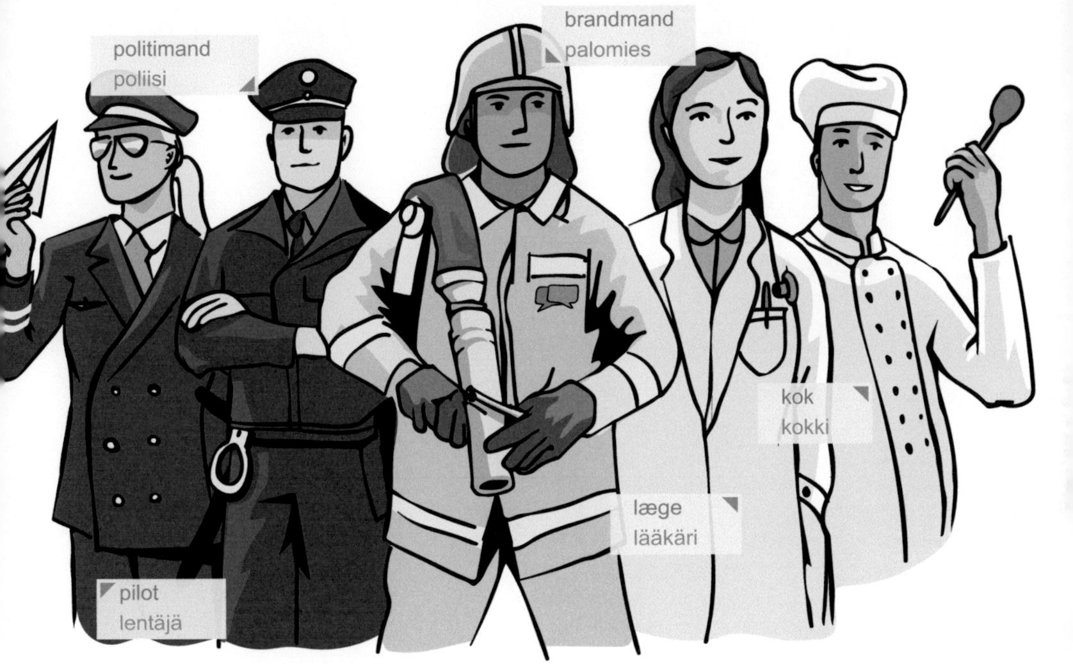
politimand
poliisi
brandmand
palomies
kok
kokki
læge
lääkäri
pilot
lentäjä

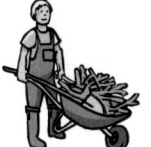

gartner

puutarhuri

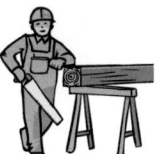

tømrer

puuseppä

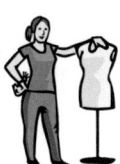

syerske

ompelija

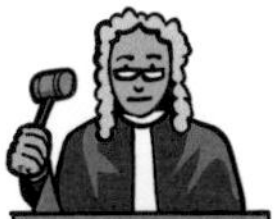

dommer

tuomari

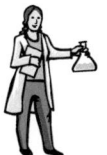

kemiker

kemisti

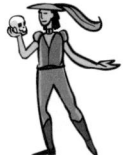

skuespiller

näyttelijä

buschauffør

linja-autonkuljettaja

taxachauffør

taksinkuljettaja

fisker

kalastaja

rengøringskone

siivooja

tagdækker

katontekijä

tjener

tarjoilija

jæger

metsästäjä

maler

maalari

bager

leipuri

elektriker

sähköasentaja

bygningsarbejder

rakentaja

ingeniør

insinööri

slagter

teurastaja

vvs-mand

putkiasentaja

postbud

postinjakaja

soldat

sotilas

arkitekt

arkkitehti

kasserer

kassanhoitaja

blomsterhandler

floristi

frisør

kampaaja

togfører

konduktööri

mekaniker

mekaanikko

kaptajn

kapteeni

tandlæge

hammaslääkäri

videnskabsmand

tiedemies

rabbiner

rabbi

imam

imaami

munk

munkki

præst

pappi

værktøj
työkalut

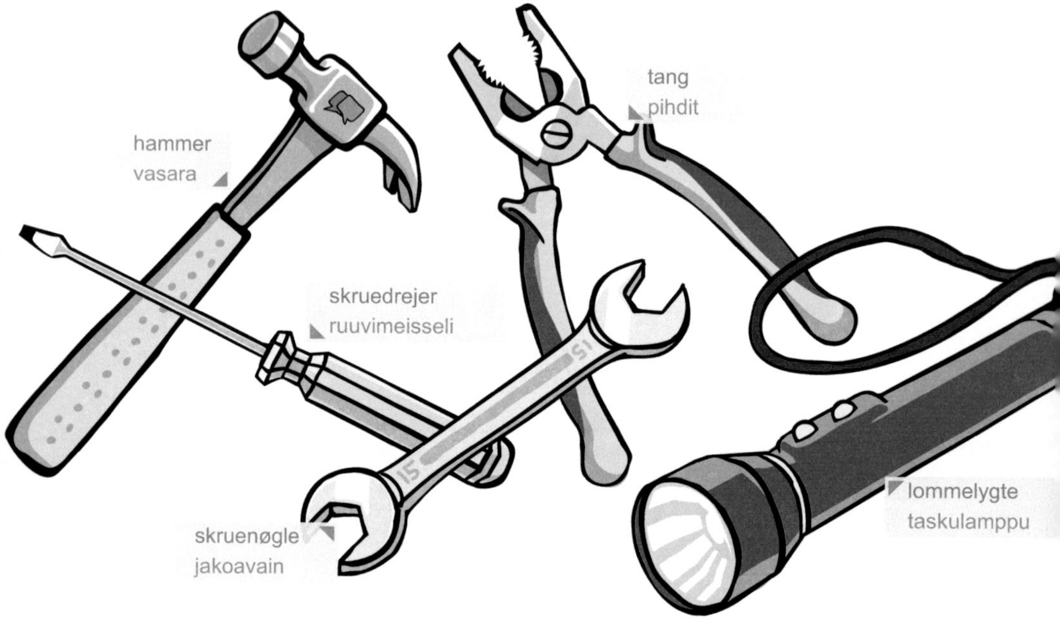
tang
pihdit
hammer
vasara
skruedrejer
ruuvimeisseli
lommelygte
taskulamppu
skruenøgle
jakoavain

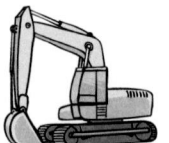

gravemaskine

kaivinkone

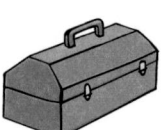

værktøjskasse

työkalupakki

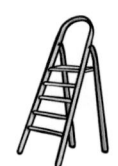

stige

tikkaat

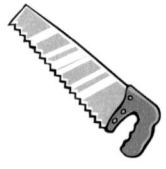

sav

saha

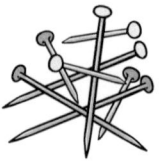

søm

naulat

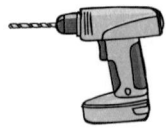

bor

pora

reparere

korjata

skovl

lapio

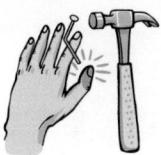

Lort!

Hitto!

fejebakke

rikkalapio

malerspand

maalipurkki

skruer

ruuvit

musikinstrumenter
soittimet

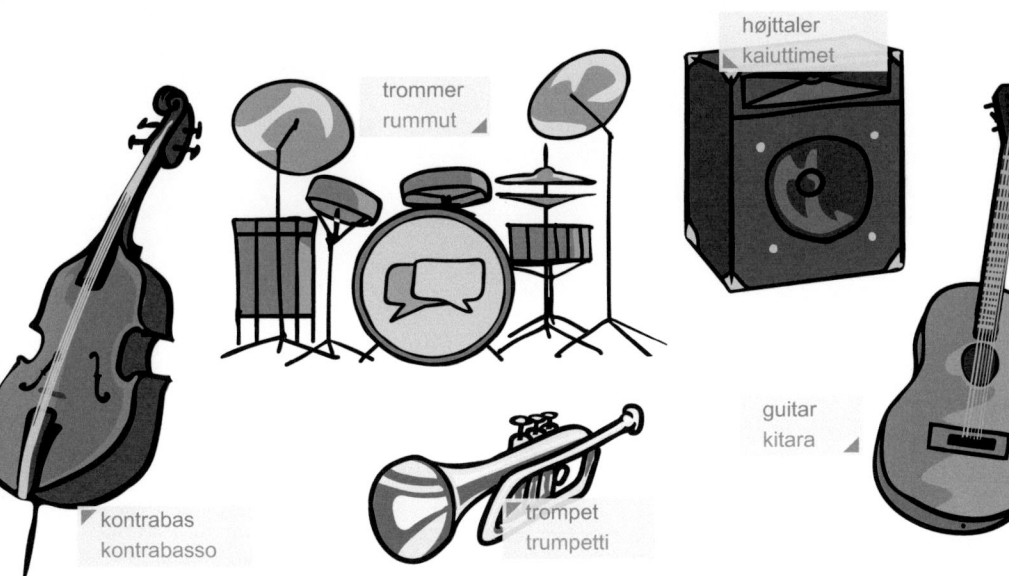

trommer
rummut

højttaler
kaiuttimet

guitar
kitara

kontrabas
kontrabasso

trompet
trumpetti

klaver

piano

violin

viulu

bas

basso

pauke

patarummut

tromme

rumpu

keyboard

kosketinsoitin

saxofon

saksofoni

fløjte

huilu

mikrofon

mikrofoni

musikinstrumenter - soittimet

zoo
eläintarha

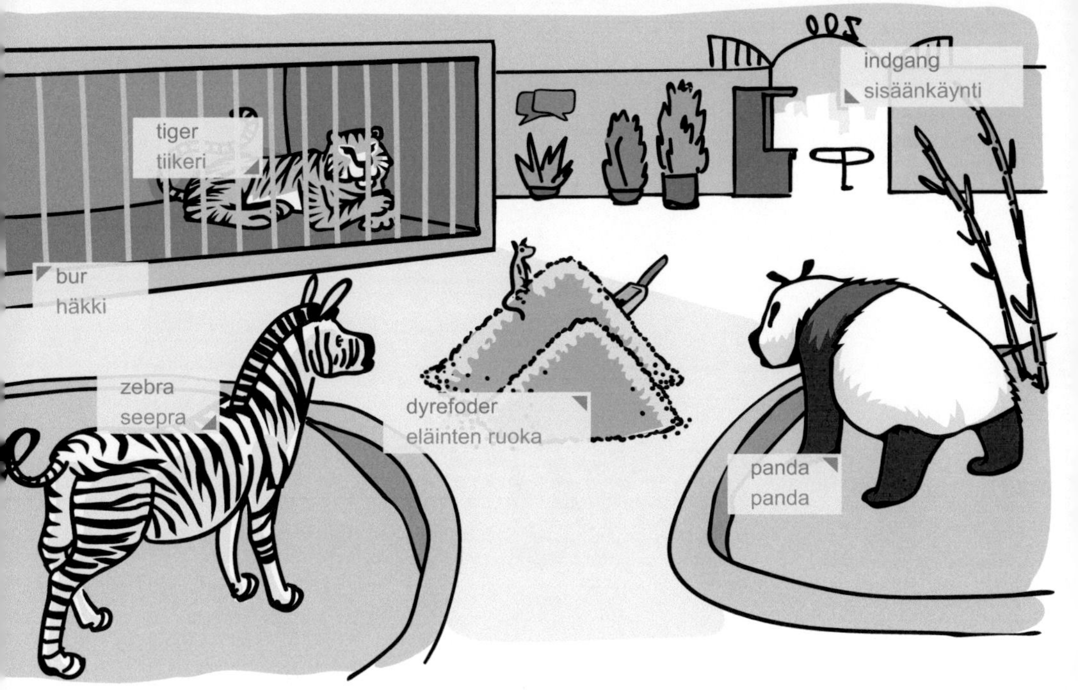
indgang
sisäänkäynti
tiger
tiikeri
bur
häkki
zebra
seepra
dyrefoder
eläinten ruoka
panda
panda

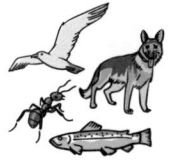

dyr
eläimet

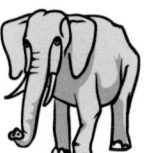

elefant
norsu

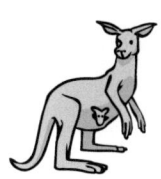

kænguru
kenguru

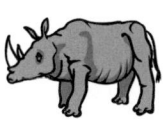

næsehorn
sarvikuono

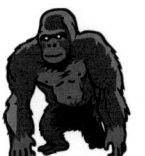

gorilla
gorilla

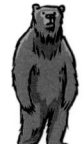

bjørn
karhu

kamel

kameli

struds

strutsi

løve

leijona

abe

apina

flamingo

flamingo

papegøje

papukaija

isbjørn

jääkarhu

pingvin

pingviini

haj

hai

påfugl

riikinkukko

slange

käärme

krokodille

krokotiili

dyrepasser

eläintarhanhoitaja

sæl

hylje

jaguar

jaguaari

pony

poni

leopard

leopardi

flodhest

virtahepo

giraf

kirahvi

ørn

kotka

vildsvin

villisika

fisk

kala

skildpadde

kilpikonna

hvalros

mursu

ræv

kettu

gazelle

gaselli

amerikansk football
amerikkalainen jalkapallo

cykling
pyöräily

tennis
tennis

basketball
koripallo

svømning
uinti

boksning
nyrkkeily

ishockey
jääkiekko

fodbold	badminton	atletik
jalkapallo	sulkapallo	yleisurheilu

håndbold	skiløb	polo
käsipallo	hiihto	poolo

aktiviteter
aktiviteetit

grine
nauraa
springe
hypätä
give et knus
halata
gå
kävellä
synge
laulaa
drømme
unelmoida
bede
rukoilla
kysse
suudella

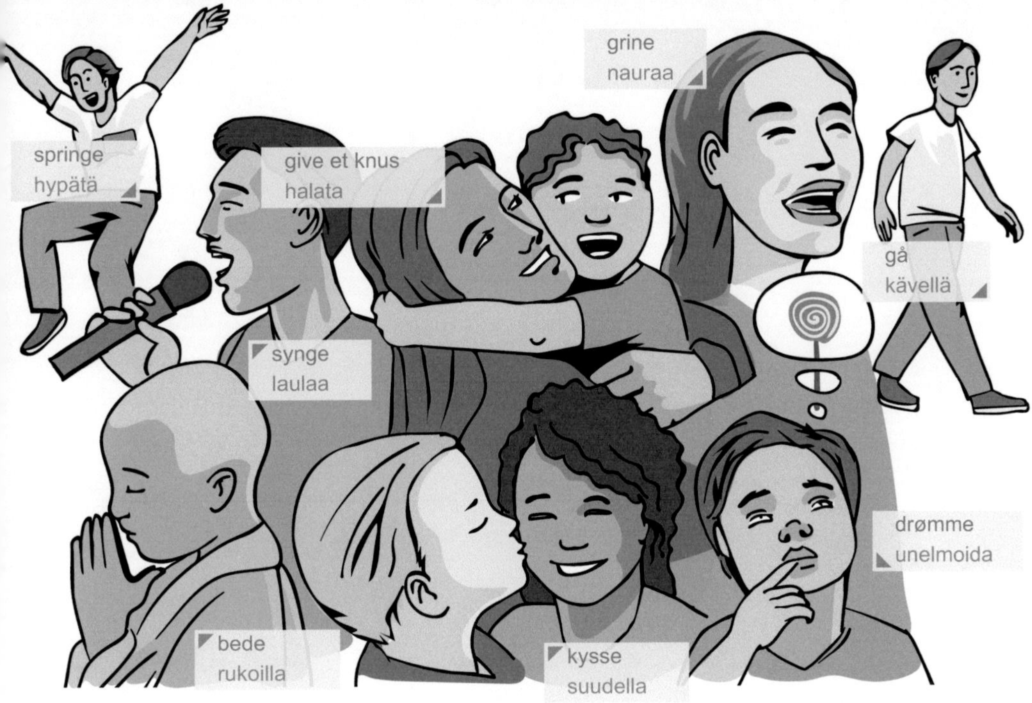

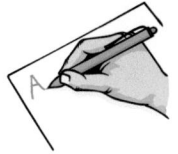

skrive
kirjoittaa

tegne
piirtää

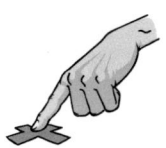

vise
näyttää

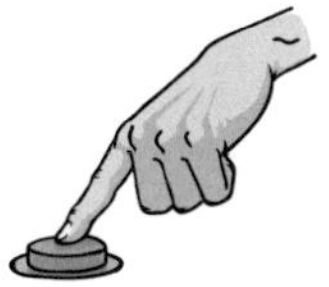

skubbe
painaa

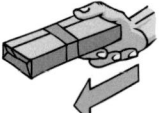

give
antaa

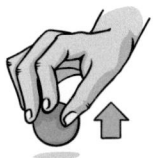

tage
ottaa

have

omistaa

gøre

tehdä

være

olla

stå

seisoa

løbe

juosta

trække

vetää

kaste

heittää

falde

kaatua

ligge

maata

vente

odottaa

bære

kantaa

sidde

istua

tage på

pukeutua

sove

nukkua

vågne

herätä

se på

katsoa

græde

itkeä

ae

silittää

kæmme

kammata

tale

puhua

forstå

ymmärtää

spørge

kysyä

høre

kuunnella

drikke

juoda

spise

syödä

rydde op

siivota

elske

rakastaa

koge

keittää

køre

ajaa

flyve

lentää

sejle

purjehtia

regne

laskea

læse

lukea

lære

oppia

arbejde

työskennellä

gifte sig med

mennä naimisiin

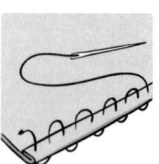

sy

ommella

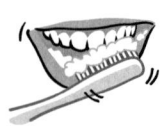

børste tænder

pestä hampaat

dræbe

tappaa

ryge

tupakoida

sende

lähettää

bedstemor
mummo

bedstefar
ukki

far
isä

mor
äiti

baby
vauva

datter
tytär

søn
poika

gæst

vieras

tante

täti

onkel

setä

bror

veli

søster

sisko

krop

vartalo

pande
otsa
øje
silmä
skulder
olkapää
finger
sormet
ansigt
kasvot
hage
leuka
hånd
käsi
bryst
rinta
ben
jalka
arm
käsivarsi

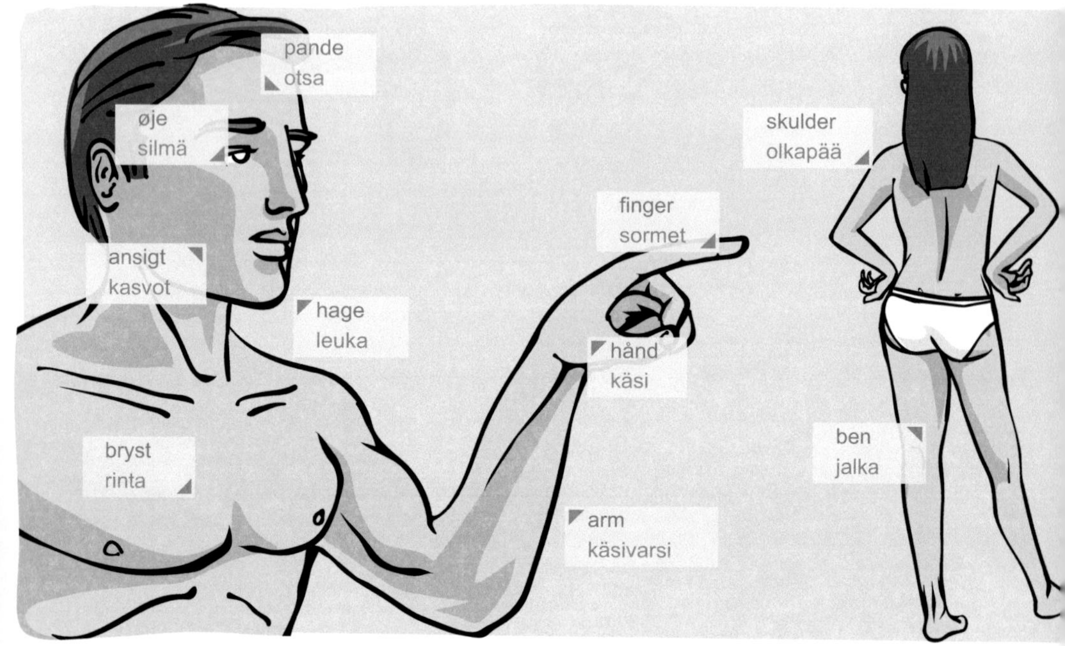

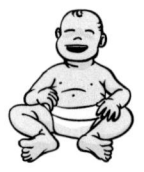

baby
vauva

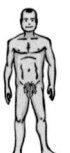

mand
mies

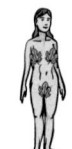

kvinde
nainen

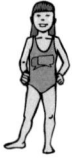

pige
tyttö

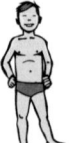

dreng
poika

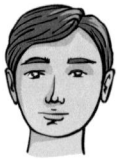

hoved
pää

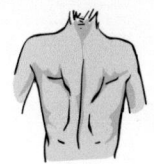

ryg

selkä

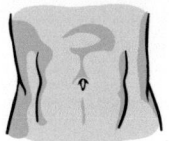

mave

maha

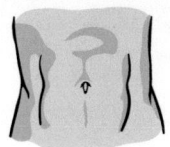

navle

napa

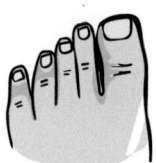

tå

varvas

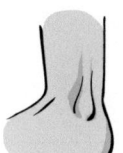

hæl

kantapää

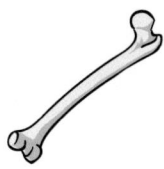

knogle

luu

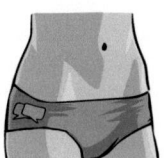

hofte

lantio

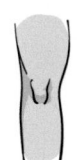

knæ

polvi

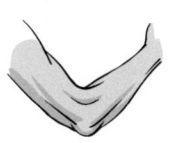

albue

kyynärpää

næse

nenä

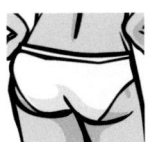

bagdel

takapuoli

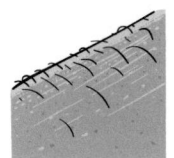

hud

iho

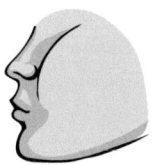

kind

poski

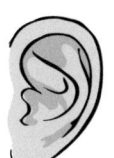

øre

korva

læbe

huuli

mund

suu

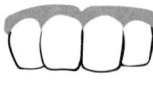

tand

hammas

tunge

kieli

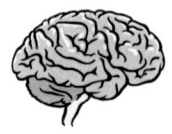

hjerne

aivot

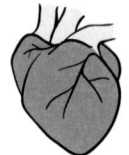

hjerte

sydän

muskel

lihas

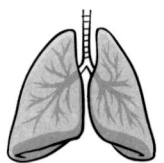

lunge

keuhkot

lever

maksa

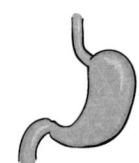

mavesæk

vatsa

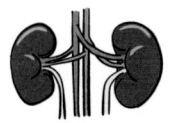

nyrer

munuaiset

sex

seksi

kondom

kondomi

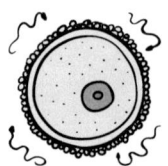

ægcelle

munasolu

sperm

sperma

svangerskab

raskaus

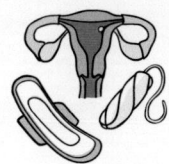

menstruation

kuukautiset

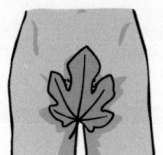

vagina

vagina

penis

penis

øjenbryn

kulmakarvat

hår

hiukset

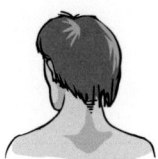

hals

niska

sygehus
sairaala

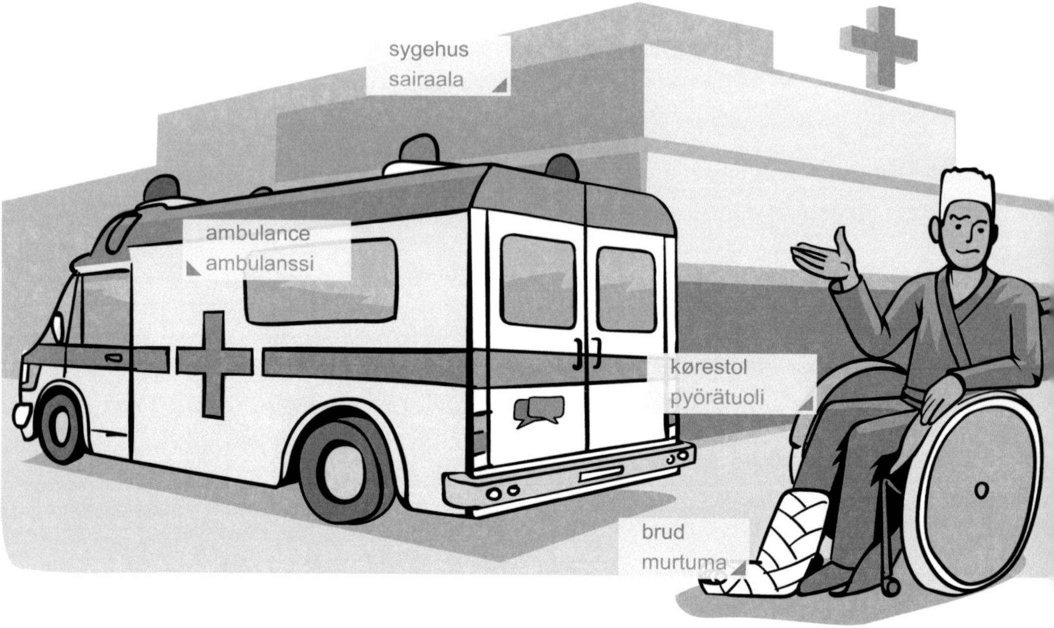

sygehus
sairaala
ambulance
ambulanssi
kørestol
pyörätuoli
brud
murtuma

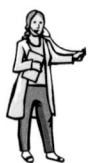

lærge
lääkäri

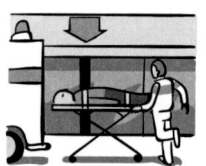

akutmodtagelse
ensiapu

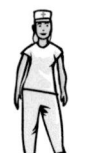

sygeplejerske
sairaanhoitaja

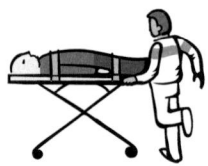

nødstilfælde
hätätilanne

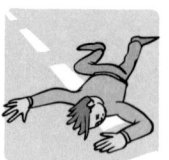

bevidstløs
tajuton

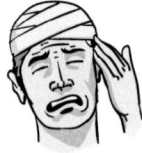

smerte
kipu

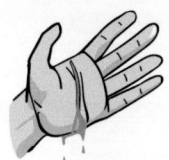

skade

vamma

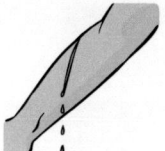

blødning

verenvuoto

hjerteinfarkt

sydänkohtaus

slagtilfælde

aivoinfarkti

allergi

allergia

hoste

yskä

feber

kuume

influenza

flunssa

diarré

ripuli

hovedpine

päänsärky

kræft

syöpä

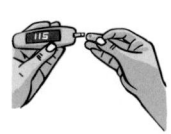

diabetes

diabetes

kirurg

kirurgi

skalpel

veitsi

operation

leikkaus

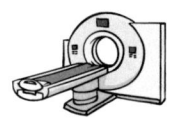

CT
ct

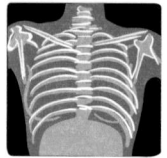

røntgen
röntgen

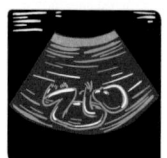

ultralyd
ultraääni

maske
maski

sygdom
sairaus

venteværelse
odotushuone

krykke
sauva

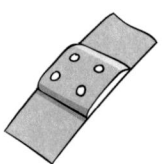

plaster
laastari

forbinding
side

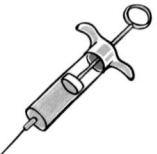

injektion
pistos

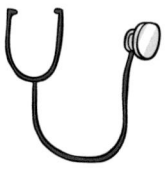

stetoskop
stetoskooppi

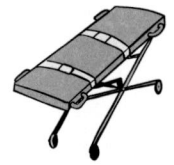

båre
paarit

termometer
kuumemittari

fødsel
syntymä

overvægt
ylipaino

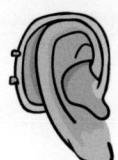

høreapparat

kuulolaite

desinficerende middel

desinfiointiaine

infektion

infektio

virus

virus

HIV / AIDS

HIV / AIDS

medicin

lääke

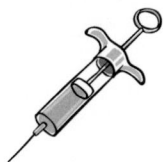

vaccination

rokotus

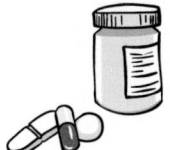

tabletter

tabletit

pille

pilleri

nødopkald

hätäpuhelu

blodtryksmåler

verenpainemittari

syg / rask

sairas / terve

Hjælp!
Apua!

alarm
hälytys

overfald
ryöstö

angreb
hyökkäys

fare
vaara

nødudgang
hätäuloskäynti

Det brænder!
Tulipalo!

ildslukker
palosammutin

uheld
onnettomuus

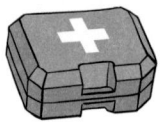

førstehjælps-kuffert
ensiapulaukku

SOS
SOS

politi
poliisilaitos

Europa

Eurooppa

Nordamerika

Pohjois-Amerikka

Sydamerika

Etelä-Amerikka

Afrika

Afrikka

Asien

Aasia

Australien

Australia

Atlanterhavet

Atlantin valtameri

Stillehavet

Tyynimeri

Indiske Ocean

Intian valtameri

Sydlige Ishav

Eteläinen jäämeri

Ishav

Pohjoinen jäämeri

Nordpol

pohjoisnapa

Sydpol

etelänapa

Antarktis

Antarktis

Jorden

maa

land

maa

hav

meri

ø

saari

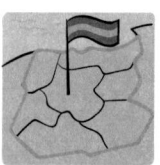

nation

kansa

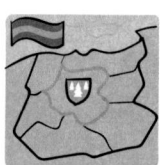

stat

osavaltio

urskive

kellotaulu

timeviser

tuntiviisari

minutviser

minuuttiviisari

sekundviser

sekuntiviisari

Hvad er klokken?

Paljonko kello on?

dag

päivä

tid

aika

nu

nyt

digitalur

digitaalikello

minut

minuutti

time

tunti

uge
viikko

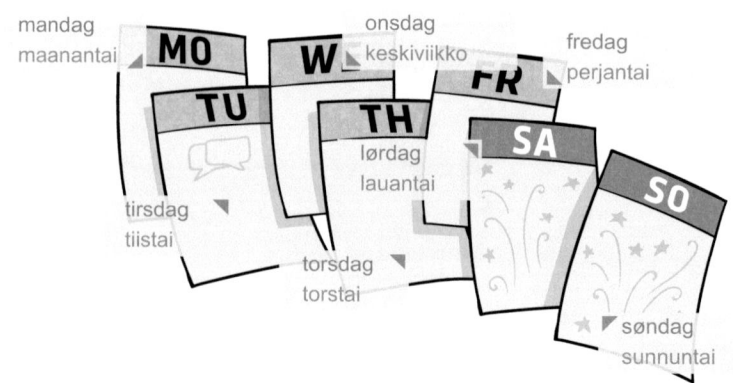

mandag
maanantai

onsdag
keskiviikko

fredag
perjantai

tirsdag
tiistai

lørdag
lauantai

torsdag
torstai

søndag
sunnuntai

i går

eilen

i dag

tänään

i morgen

huomenna

morgen

aamu

middag

keskipäivä

aften

ilta

MO	TU	WE	TH	FR	SA	SU
1	2	3	4	5	6	7
8	9	10	11	12	13	14
15	16	17	18	19	20	21
22	23	24	25	26	27	28
29	30	31	1	2	3	4

arbejdsdage

työpäivät

MO	TU	WE	TH	FR	SA	SU
1	2	3	4	5	6	7
8	9	10	11	12	13	14
15	16	17	18	19	20	21
22	23	24	25	26	27	28
29	30	31	1	2	3	4

weekend

viikonloppu

regn
sade

regnbue
sateenkaari

sne
lumi

vind
tuuli

forår
kevät

efterår
syksy

sommer
kesä

vinter
talvi

4.APRIL	11°	
5.APRIL	4°	
6.APRIL	13°	
7.APRIL	8°	
8.APRIL	10°	

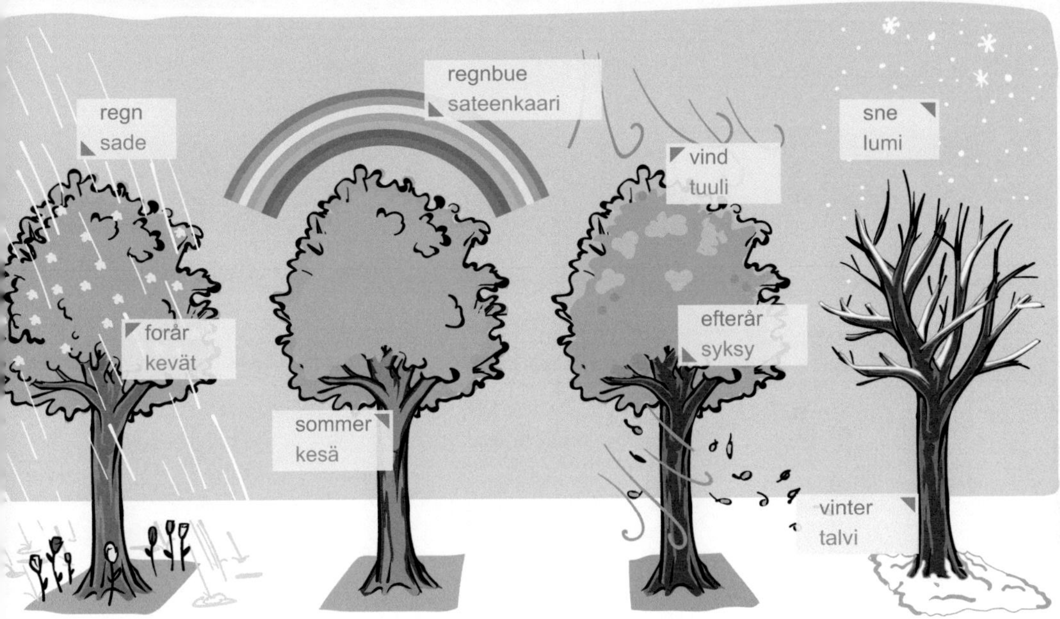

vejrudsigt

sääennuste

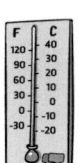

termometer

lämpömittari

solskin

auringonpaiste

sky

pilvi

tåge

sumu

luftfugtighed

ilmankosteus

lyn

salama

torden

ukkonen

storm

myrsky

hagl

rae

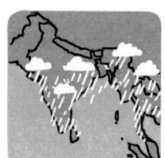

monsun

monsuuni

flod

tulva

is

jää

januar

tammikuu

februar

helmikuu

marts

maaliskuu

april

huhtikuu

maj

toukokuu

juni

kesäkuu

juli

heinäkuu

august

elokuu

september
....
syyskuu

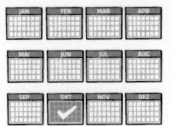

oktober
....
lokakuu

november
....
marraskuu

december
....
joulukuu

former

muodot

cirkel
....
ympyrä

kvadrat
....
neliö

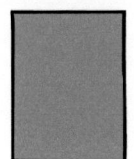

firkant
....
suorakulmio

trekant
....
kolmio

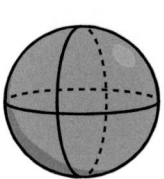

kugle
....
pallo

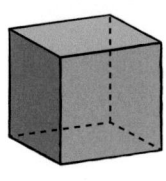

terning
....
kuutio

hvid

valkoinen

gul

keltainen

orange

oranssi

pink

vaaleanpunainen

rød

punainen

lilla

violetti

blå

sininen

grøn

vihreä

brun

ruskea

grå

harmaa

sort

musta

meget / lidt

paljon / vähän

rasende / fredelig

vihainen / ystävällinen

smuk / grim

kaunis / ruma

begyndelse / slut

alku / loppu

stor / lille

suuri / pieni

lys / mørk

vaalea / tumma

bror / søster

veli / sisko

ren / snavset

puhdas / likainen

fuldkommen / ufuldkommen

täydellinen / epätäydellinen

dag / nat

päivä / yö

død / levende

kuollut / elävä

bred / smal

leveä / kapea

spiselig / uspiselig

syötävä / syömäkelvoton

vred / venlig

paha / kiltti

ophidset / kedet

innostunut / tylsistynyt

tyk / tynd

lihava / laiha

først / sidst

ensimmäinen / viimeinen

ven / fjende

ystävä / vihollinen

fuld / tom

täysi / tyhjä

hård / blød

kova / pehmeä

tung / let

painava / kevyt

sult / tørst

nälkä / jano

syg / rask

sairas / terve

illegal / legal

laiton / laillinen

intelligent / dum

älykäs / tyhmä

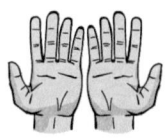

venstre / højre

vasen / oikea

nær / fjern

lähellä / kaukana

ny / brugt
uusi / käytetty

intet / noget
ei mitään / jotain

gammel / ung
vanha / nuori

tændt / slukket
päällä / pois päältä

åben / lukket
auki / kiinni

stille / højt
hiljainen / äänekäs

rig / fattig
rikas / köyhä

rigtig / forkert
oikein / väärin

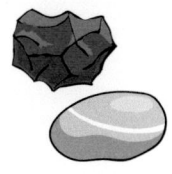

ru / glat
karhea / sileä

ked af det / lykkelig
surullinen / iloinen

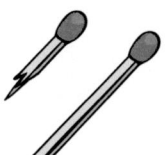

kort / lang
lyhyt / pitkä

langsom / hurtig
hidas / nopea

våd / tør
märkä / kuiva

varm / kold
lämmin / viileä

krig / fred
sota / rauha

0	1	2
nul	en	to
nolla	yksi	kaksi

3	4	5
tre	fire	fem
kolme	neljä	viisi

6	7	8
seks	syv	otte
kuusi	seitsemän	kahdeksan

9	10	11
ni	ti	elleve
yhdeksän	kymmenen	yksitoista

12

tolv

kaksitoista

13

tretten

kolmetoista

14

fjorten

neljätoista

15

femten

viisitoista

16

seksten

kuusitoista

17

sytten

seitsemäntoista

18

atten

kahdeksantoista

19

nitten

yhdeksäntoista

20

tyve

kaksikymmentä

100

hundrede

sata

1.000

tusinde

tuhat

1.000.000

million

miljoona

engelsk

englanti

amerikansk engelsk

amerikanenglanti

kinesisk mandarin

mandariinikiina

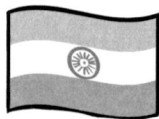

hindi

hindi

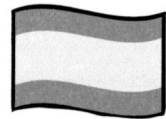

spansk

espanja

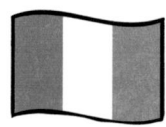

fransk

ranska

arabisk

arabia

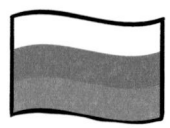

russisk

venäjä

portugisisk

portugali

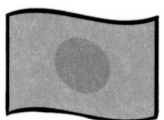

bengalsk

bengali

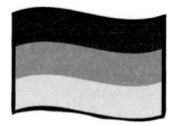

tysk

saksa

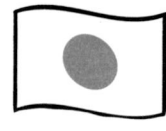

japansk

japani

jeg

minä

du

sinä

han / hun / den / det

hän

vi

me

I

te

de

he

hvem?

kuka?

hvad?

mitä / mikä?

hvordan?

miten?

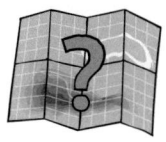

hvor?

missä?

hvornår?

milloin?

navn

nimi

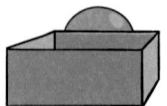

bag

takana

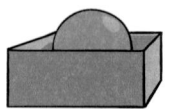

i

sisällä

foran

edessä

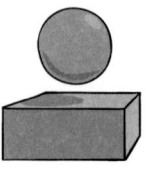

over

yläpuolella

på

päällä

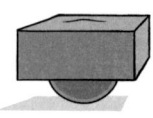

under

alapuolella

ved siden af

vieressä

imellem

välissä

sted

paikka